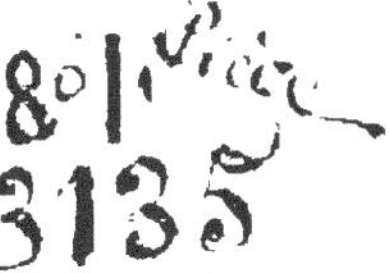

UNE CONCEPTION D'ENSEMBLE

DU

DROIT ADMINISTRATIF

PAR

RENÉ JACQUELIN

Professeur agrégé à la Faculté de droit
de l'Université de Paris.

PRIX : 1 fr. 50

PARIS

V. GIARD & E. BRIÈRE

LIBRAIRES ÉDITEURS

16, rue Soufflot, 16

1899

UNE CONCEPTION D'ENSEMBLE

DU DROIT ADMINISTRATIF

UNE CONCEPTION D'ENSEMBLE

DU

DROIT ADMINISTRATIF

PAR

RENÉ JACQUELIN

Professeur agrégé à la Faculté de droit
de l'Université de Paris.

PRIX : 1 fr. 50

PARIS

V. GIARD & E. BRIÈRE
LIBRAIRES-ÉDITEURS
16, rue Soufflot, 16

1899

I

1. Dans une brochure récente, un auteur (1) déjà connu
par des travaux antérieurs, propose une théorie nouvelle et
originale à laquelle il fait produire des conséquences multiples
et ramifiées pour l'ensemble du droit administratif.

Pour cet auteur le caractère intime de la personnalité administrative est tel qu'il conduit à répartir les diverses manifestations de l'activité de l'administration en trois catégories
nettement tranchées : les actes de puissance publique, dans
lesquels l'administration procède par voie d'autorité et de
commandement ; à l'opposé les actes de personne privée dans
lesquels on ne rencontre aucune parcelle de puissance publique ; enfin et comme dans un compartiment intermédiaire les
actes de gestion administrative, intervenant principalement
à l'occasion de l'exécution des services publics, et où se traduit encore la puissance publique, quoique dans une mesure
moindre qu'à l'égard des actes de la première catégorie (2).

Dans cette théorie, la gestion administrative dérive d'ailleurs de deux sources différentes. Tantôt elle résulte de la
situation engendrée par un acte déjà accompli et tantôt de la

(1) Hauriou, *La gestion administrative*. Paris, 1899.
(2) L. c., p. 53, 68, 76 et 77.

nature même de l'acte (1). Mais dans un cas comme dans
l'autre « le criterium de la gestion administrative est la collaboration des administrés à l'action administrative » (2).
Comme exemple de situation de gestion, on peut retenir le
suivant : « un particulier confie à un ministre plénipotentiaire
le dossier d'une affaire en vue de réclamations à présenter à
un gouvernement étranger ; en tant que le fonctionnaire prend
la garde du dossier, il s'établit une situation de gestion,
parce que le particulier n'a fait que procurer au service diplo-
matique l'occasion de fonctionner, et par conséquent a co-
opéré à son fonctionnement » (3). Quant aux actes de gestion,
l'auteur les divise en quatre séries et il distingue (4) : la gestion contractuelle, ce qui comprend les contrats passés en
vue du fonctionnement des services publics, comme les marchés de travaux publics et les marchés de fournitures, —la gestion pécuniaire, ce qui implique un acte unilatéral statuant à
l'égard d'une créance ou d'une dette de l'administration, comme
les liquidations de dettes de l'Etat et les arrêtés de débet, —la
gestion par bons offices, dans laquelle la collaboration est
plutôt donnée par l'administration à l'individu que par l'individu à l'administration, et l'auteur cite notamment comme
exemple la confection des travaux publics « en tant qu'elle
produit des effets vis-à-vis des tiers et spécialement des conséquences de plus-values,.... l'administration contribue à
l'enrichisssment des administrés » (5), enfin la gestion forcée,
dans laquelle la collaboration de l'administré n'est pas volontaire, mais imposée par la contrainte, comme dans l'occupa-

(1) L. c., p. 8 et 9.
(2) L. c., p. 7.
(3) L. c., p. 12 et 13.
(4) L. c., p. 22 à 31.
(5) L. c., p. 28 et 29.

tion temporaire en matière de travaux publics et dans l'établissement de servitudes d'utilité publique.

Quant à la nature juridique de cette collaboration, constitutive de la gestion administrative, elle s'analyse, suivant l'auteur, qui revient sur cette idée en maints passages, en « une certaine forme de société » (1) et le lecteur a tout d'abord cette impression de se trouver en face d'une utilisation jusqu'alors inconnue, d'une adaptation nouvelle au droit administratif de la théorie du contrat social de Rousseau. Mais l'auteur lui-même prend soin de repousser pareille conclusion (2), et tenant à préciser la nature juridique et la source directe de cette « forme de société », il la fait dériver de la situation d'état, c'est-à-dire en définitive « d'une nécessité de l'organisme social, d'un rapport nécessaire qui découle de la nature des choses » (3) ; en résumé il y a là « un état de société spécial qui, pour n'être pas contractuel, n'en engendre pas moins des effets juridiques » (4).

La première pensée qui frappe l'esprit est de chercher le motif de la différence que l'auteur prétend établir entre la puissance publique et ce qu'il appelle la gestion administrative. Ce motif, il prétend le trouver dans la différence même des situations ; tandis que la gestion administrative repose sur la collaboration, la puissance publique n'impliquerait qu'une situation de pur voisinage, parce qu'elle serait seulement « l'administration au repos » au contraire de la gestion qui est « l'administration en travail » (5). « Dans la situation de puissance publique les relations de l'administration et de l'admi-

<hr>

(1) L. c., Avertissement p. I ; cf. aussi notamment p. 58 *in fine*, et 81.
(2) L. c., p. 64 à 66.
(3) L. c., p. 67.
(4) L. c., p. 75.
(5) L. c., p. 5 à 7.

nistré sont de *pur voisinage* ; quand l'administration accomplit des actes de puissance publique, elle est censée agir pour elle-même, elle est comme un propriétarre qui dans son enclos exerce les pures facultés qui sont contenues dans le droit de propriété sur la chose » (1).

Il me parait qu'il est tout à fait impossible d'admettre cette opposition entre la puissance publique, situation de simple voisinage, et la gestion administrative, situation de collaboration. En réalité cette notion nouvelle de la gestion est tellement « souple et insinuante », (2) qu'elle attire et englobe tout. N'est-ce pas tout d'abord se faire une étrange idée de la puissance publique que de la considérer comme une prérogative au profit de l'administration, qui dans cette sphère agirait pour elle-même et à l'instar d'un propriétaire (3) ? la vérité est tout au contraire que la puissance publique n'existe que pour le public, pour l'individu (4) ; sans doute elle doit être organisée sur des bases très fortes et très larges, mais s'il en est ainsi c'est précisément parce qu'elle est destinée à protéger les droits et les libertés de l'individu qui autrement et sans elle seraient livrés à la merci des plus forts ; c'est donc une erreur capitale que d'opposer le pouvoir à la liberté, la puissance publique à l'individu ; à l'inverse du pur voisinage il y a là une union intime; car la raison d'être de la puissance publique est l'individu, et la sauvegarde de l'individu est la puissance publique. Ainsi la puissance publique contient tou-

(1) L. c., p. 57.

(2) Selon l'expression même de M. Hauriou, l. c., p. 32.

(3) A considérer la formule isolément, ne la croirait-on pas bien plutôt caractéristique de la gestion du domaine privé ?

(4) Cette idée suffit à elle seule pour expliquer les aisances de voirie, et les autres droits résultant pour l'individu de l'utilisation de la destination du domaine public, que M. Hauriou cherche à justifier à l'aide de sa théorie de la gestion administrative, l. c., p, 15 à 21.

jours ce que l'on a appelé de « la gestion par bons offices » ;
ici la collaboration vient de l'administration. D'un autre côté
la puissance publique ne suppose-t-elle pas toujours une certaine coopération des individus ? Considérer, comme on l'a vu
plus haut, que l'administré coopère au service administratif
par cette seule raison qu'il lui fournit l'occasion de fonctionner
constitue une exagération évidente, car sans l'administré le
service administratif n'aurait aucun motif d'exister ; mais la
puissance publique pourrait-elle subsister sans l'assenti-
ment, au moins tacite, des particuliers, et l'auteur ne recon-
naît-il pas lui-même que « l'obéissance à la loi est encore une
forme de coopération à l'ordre public « (1)? Rien n'est plus
juste ; seulement que devient alors l'opposition que l'on prétend établir entre l'état de pur voisinage et l'état de collaboration, entre la puissance publique et la gestion administrative?
elle disparaît absolument et tout vient se fondre dans la notion
unique de la société qui existe entre les hommes. Réduite de la
sorte à ses termes exacts, la conception cesse d'avoir aucune
espèce de valeur juridique et ne présente plus que cette double
signification, depuis longtemps connue : d'une part, que l'administration n'a pas d'autre utilité qu'en vue des administrés,
d'autre part qu'elle ne peut, comme le gouvernement, se main-
tenir et fonctionner que de l'accord, et grâce à la soumission
volontaire de l'ensemble des particuliers.

Inexacte dans son principe, cette théorie de la gestion
administrative ne peut être qu'arbitraire dans ses applications.
Aussi son auteur ne se fait-il pas faute de ranger dans la catégorie de la gestion de véritables actes de commandement,
d'autorité. C'est ainsi que dans la gestion par bons offices il
fait figurer l'arrêté préfectoral portant autorisation ou refus

(1) L. c., p. 12.

d'autorisation des établissements dangereux, insalubres ou incommodes ; c'est de même qu'il entend faire dériver de sa doctrine la notion vraie de l'élection, alors que tout à l'inverse l'élection constitue un acte de puissance publique au premier chef, la souveraineté étant alors exercée par le peuple lui-même. Enfin qu'est-ce que la gestion forcée ? la collaboration qui est imposée au particulier, comme le recrutement de l'armée et les réquisitions militaires. Ne voit-on pas que cette catégorie est la brèche grande ouverte par laquelle doit passer logiquement toute la puissance publique ?

2. Les conséquences auxquelles aboutit la théorie de la gestion sont également inacceptables.

Dans le droit administratif déterminateur l'auteur tout en établissant, d'ailleurs très exactement (1), que la gestion contient encore une part de puissance publique, et par conséquent relève du droit public reste fidèle à l'idée qu'elle constitue une « certaine forme de société » et cherche dans le Code civil les articles relatifs à ce contrat pour déterminer les droits des administrés vis-à-vis de l'administration (2). Avec cet appui, et à l'aide de cette contradiction, il reconnaît aux administrés deux espèces de droits, d'abord un droit à des dommages-intérêts pour les préjudices causés par l'administration, laquelle commet alors une faute « presque contractuelle », puis des droits positifs nés de la gestion, comme le droit au règlement définitif de l'entreprise, ou encore le droit au partage des bénéfices qui se traduit par exemple sous la forme des traitements des fonctionnaires. Sans revenir sur ce que le point de départ a de contradictoire, de forcé et de faux, qu'il me suffise de montrer que les diverses situations prévues peu-

(1) L. c., p. 69 à 77.
(2) L. c., p. 58 et 59.

vent être expliquées par des motifs propres à chacune d'elles,
mais étrangers à la théorie de la gestion et de la » presque-
société », et surtout que cette théorie est insuffisante par suite
du vague et de l'arbitraire qu'elle renferme. Je me contente
d'envisager pour cela la question de la responsabilité dont peut
être tenue l'administration vis-à-vis des administrés pour les
préjudices qu'elle leur cause. J'ai développé ailleurs (1) cette
idée que cette responsabilité dérive d'une faute quasi-délic-
tuelle, et doit fonctionner partout où se rencontre cette faute,
quelle que soit du reste la nature de l'acte accompli par l'administration. A l'opposé avec la doctrine de la gestion, la responsabilité contractuelle que l'on imagine ne fonctionne que dans
les matières de gestion, non dans celles de puissance publique.
Cependant la collaboration se manifeste aussi bien dans la
puissance publique proprement dite que dans l'exécution des
services publics ; on devrait donc logiquement conclure à
l'application la plus étendue de la responsabilité de l'administration ; mais ce point de vue étant repoussé, et au contraire
l'opposition étant faite entre la puissance publique, situation
de pur voisinage, et la gestion, situation de collaboration, il
en résulte que la ligne de démarcation entre les deux notions
devient si « fine et [si] délicate » (2) qu'elle tombe dans l'arbitraire : la jurisprudence administrative qui, aujourd'hui, ne
déclare l'État respectable que lorsque l'équité « n'est pas in-
conciliable avec la nature et les besoins du service public »
ne serait pas plus embarrassée, avec la doctrine de la gestion,
pour reconnaître cette responsabilité dans les seuls cas où la
coopération des administrés à l'action administrative lui sem-

(1) Cf. mes *Principes dominants du contentieux administratif*. Paris,
1899 ; p. 260 à 296.
(2) L. c., p. 13.

blerait suffisante, et pour l'écarter encore pour le motif inverse chaque fois qu'elle le jugerait à propos.

Mais ce reproche d'arbitraire est bien plus sensible et acquiert alors toute sa gravité, si l'on examine les conséquences auxquelles conduit la théorie de la gestion dans le domaine du droit administratif sanctionnateur. Bien que l'auteur se défende (1) de confondre ni le contentieux de la pleine juridiction qui aboutit à réformation avec le contentieux de l'annulation, ni le recours contentieux avec le recours gracieux, en réalité il assigne aux deux recours la même base, à savoir la simple lésion d'un intérêt (2), et d'autre part, puisque la théorie de la gestion est par elle-même, comme je l'ai montré plus haut, si peu précise et si envahissante qu'elle attire logiquement à elle toute la puissance publique, il est naturel aussi que le contentieux de la gestion, qui est de pleine juridiction et peut aboutir à la réformation, attire logiquement à lui tout le contentieux de la puissance publique, qui est seulement un contentieux d'annulation. Telle est bien du reste la pensée dernière de M. Hauriou ; car à son dire « le droit administratif une fois solidement établi dans la gestion et dans le contentieux de pleine juridiction comme dans son élément propre, la jurisprudence et la doctrine pourront travailler à réduire le domaine du contentieux de l'annulation, au profit du contentieux de la pleine juridiction en développant

(1) *L. c.* p. 52 à 55.
(2) *L. c.* p. 44 et suiv. M. Hauriou, après avoir critiqué et rejeté la théorie traditionelle qui voit dans la violation du droit acquis le fondement du recours contentieux, semble tout d'abord ne prendre en considération la simple lésion de l'intérêt qu'en vue de la recevabilité de la demande en réformation et non comme moyen justificatif au fond de la réformation elle-même (p. 44, 1°), mais il finit par reconnaître que cette simple lésion d'un intérêt est suffisante à elle seule, et en l'absence de tout texte de loi, pour constituer le droit à u réformation (p. 55).

constamment le point de vue de la gestion » (1) ; et encore
« la jurisprudence administrative n'est pas plus asservie aux
textes particuliers ici que pour le recours pour excès de pouvoir, elle peut suppléer à leur silence en consultant simplement la conduite de l'administration » (2). Pour qui connait
la genèse et le développement historique du recours pour excès
de pouvoirs, celui-ci apparait de sa nature comme un vrai
recours gracieux et hiérarchique qui n'a pu être porté devant
un tribunal administratif que parce que ce tribunal a été, dans
une mesure variable suivant les régimes, « l'administration
jugeant elle-même ses propres intentions » (5), à tel point
que l'extension donnée à ce recours a été d'autant plus large
que la juridiction administrative supérieure, chargée de sta-
tuer à son égard, a été plus étroitement rattachée au chef de
l'Etat (4). Ce n'est pas à dire pourtant que l'assimilation du
recours contentieux ordinaire au recours pour excès de pouvoirs soit chose bonne et désirable ; car comme tous deux
dépendraient alors uniquement de l'arbitraire du juge, il y
aurait à craindre que cet arbitraire ne s'exerçât pas toujours
dans un sens avantageux pour l'individu, mais au contraire,
inclinât le plus souvent dans un sens favorable à l'administration. Et je doute fort que les partisans eux-mêmes de la juridiction administrative considèrent comme un progrès cette
nouvelle orientation proposée vers la suppression de la notion
de la violation du droit acquis, qui lie le juge, et vers la généra-
lisation indéfinie de la notion de la lésion de l'intérêt, qui lui
laisse toute latitude. Cette double confusion entre le recours

(1) *L. c.* Avertissement, p. IV.
(2) *L. c.* p. 62 *in fine.* Pour l'auteur le contentieux de la gestion
constitue le contentieux administratif de nature, cf. p. 36 à 45.
(3) *L. c.* p. 62 *in fine.*
(4) Ce sont des idées que j'ai pris soin de développer dans mes *Principes* p. 227 et suiv.

gracieux et le recours contentieux d'une part, puis d'autre part
entre la fonction administrative et la fonction juridictionnelle,
cadre d'ailleurs à merveille avec ce qui pour l'auteur de la
doctrine de la gestion, constituerait l'idéal de la justice administrative. « Quand on allègue, dit-il, que ce système risque
d'aboutir « *à la négation du droit* », j'imagine qu'on fait une
confusion : à la négation du droit civil peut-être, mais pas à
celle du droit administratif. Au contraire le caractère mixte
de cette juridiction est un gage de l'évolution progressive du
droit administratif,..... c'est que le droit administratif ne peut
guère progresser que par des concessions de l'administration,
et que notre juridiction administrative facilite ces concessions,
car elle est dans une certaine mesure l'administration elle-
même ; elle est *l'instrument naturel des concessions, des
abandons des privilèges administratifs* ; cela est vrai dans
la théorie du recours pour excès de pouvoir et ne l'est pas
moins dans celle de la gestion » (1). Est-il donc besoin d'insister
longuement pour montrer qu'un pareil idéal doit être rejeté
avec vigueur ? Il peut bien être celui de la justice administrative, mais ne saurait être celui de la justice sans épithète. Le
droit qui n'existe qu'en vertu d'une concession volontaire cesse
d'être un droit et devient une faveur; l'individu qui le puise
cependant dans la loi ou dans un contrat ne peut plus l'imposer au respect de l'administration, mais se soumet à son bon
plaisir. C'est ce qui me conduit à persister fermement dans
mon affirmation première, à savoir que ce système risque
d'aboutir à la négation du droit ; et sous ce rapport comment
donc la confusion qui m'est reprochée existerait-elle ? il n'y
a pas deux conceptions opposées du droit, celle du droit civil
et celle du droit administratif, puisque celui-ci, à la façon

(1) *L. c.* p. 82, note 3.

dont on l'entend, n'est plus un dro.!, mais seulement une grâce.
Au surplus, n'y a-t-il pas lieu d'être surpris de la persistance
de cette idée, née de l'absolutisme et d'après laquelle juger
et administrer seraient une seule et même chose ? Comment
l'administration, qui réclame des individus l'observation des
lois, et qui doit s'y soumettre elle-même, s'y verrait-elle nécessairement contrainte, si on la laisse juge de ses propres agis-
sements ? Cherchant à déterminer l'étendue de la compétence
des tribunaux judiciaires à l'égard des actes de l'administration, la doctrine de la gestion prétend la restreindre à la con-
naissance du seul cas d'antagonisme de la propriété privée
avec la puissance publique (1). La raison donnée est que « la
propriété est par elle-même un accumulateur du droit et du
pouvoir » (2). Mais tous les droits, autres que celui de propriété
sont-ils donc moins respectables ? et s'ils le sont autant, ne
doivent-ils pas tous jouir d'une sanction également énergique ?

Procédant d'une imagination aussi vive qu'ingénieuse, qui
a trouvé à son service un talent peu commun d'exposition, la
théorie de la gestion administrative cependant ne répond pas
à la vérité.

La doctrine précédente étant écartée est-ce à dire qu'il con-
vienne de se rallier complètement à l'une des deux autres
théories produites jusqu'à ce jour ? Toutes deux elles ont des
caractères communs : d'une part, à la différence de la doctrine
de la gestion administrative, elles ne reposent que sur une
division, non plus tripartite, mais seulement bipartite des actes
de l'administration ; d'autre part, comme dans la doctrine
de la gestion, cette division est absolument tranchée.

Dans la conception, qui est peut-être encore la plus répandue,

(1) *L. c.* p. 83 et suiv.
(2) *L. c.* p. 86.

à la puissance publique on oppose la personnalité morale(1) ; la première comprenant les actes d'autorité qui s'imposent à l'individu, la seconde les actes contractuels et pécuniaires que l'individu se trouve plus ou moins maître de discuter avec l'administration. Cette opposition est encore inacceptable. Il semble que dans cette manière de voir, l'on considère qu'il n'est pas nécessaire de partir toujours de l'idée de personne morale et que l'intervention de cette notion ne présente intérêt que pour fournir une base justificative aux actes de la seconde catégorie. Quant aux actes de la première catégorie, les partisans de cette théorie paraissent s'écarter très peu du concept rudimentaire de la royauté absolue de notre ancienne France, d'après lequel l'administration tenait tout entière dans la police (2).

Un pareil point de vue a pour résultat naturel de soustraire les manisfestations de puissance publique à toute réglementation législative, à tout contrôle juridique ; car on les regarde comme n'émanant pas d'une personnalité, et le droit ne peut avoir de prise que sur les personnes. Il faut donc partir de l'idée opposée que l'Etat, par exemple, apparaît comme une personne morale aussi bien lorsque ses représentants accomplissent des actes d'autorité que lorsqu'ils accomplissent des actes contractuels ou pécuniaires ; autrement il n'y a aucun fondement pour soumettre au droit la puissance publique, elle y échappe au contraire absolument et reste pure affaire bureaucratique (3).

Dans une autre théorie, à la puissance publique on oppose

____

(1) Cf. notamment Ducrocq, *Cours de droit administratif*, 7ᵉ édit., 1897, préface, p. XXXV.

(2) Ainsi le *Traité de la police* de Delamarre est peut-être de tous les ouvrages de notre ancienne France celui qui contient le plus de droit administratif.

(3) Ce point a été mis en plein relief par M. Hauriou, *Précis de droit administratif*, 3e édit., p. 324.

la personnalité privée (1), tout en subordonnant l'une et l'autre notion à l'idée de personnalité morale. Cette opposition entre la puissance publique et la personnalité privée constitue une exagération en sens inverse de la précédente doctrine ; car — et c'est un point qui va comporter des développements — les personnes administratives, alors même qu'elles se bornent à manifester leur activité juridique par des actes tendant à la gestion de leur patrimoine, ne sont pas des personnes morales privées, mais des personnes morales publiques. Tandis que la théorie précédente conduit à faire échapper à toute réglementation juridique les actes d'autorité, puisqu'on les regarde comme n'émanant pas d'une personnalité morale, à l'opposé la doctrine envisagée à présent aboutit rationnellement à faire régir complètement par le droit civil les actes de l'autre catégorie puisqu'on les considère comme émanant d'une personnalité privée. C'est un résultat également inadmissible.

II

Aucune des doctrines reçues jusqu'ici ne me paraissant satisfaisante, je suis amené à présenter moi-même une théorie nouvelle, fondée sur une analyse, plus exacte à mon sens, du caractère intime de la personnalité administrative ; et susceptible d'assigner au droit administratif tout entier sa place naturelle dans l'ensemble du droit, et par cela même sa vraie méthode.

Comme formule générale, on peut s'en tenir à cette propo-

(1) Hauriou, *Précis*, 3e édit., p. 267 et 268, et 323 à 327, et *Gestion*, p. 76 et 77. — Michoud, *De la responsabilité de l'État à raison des fautes de ses agents*. Revue du droit public et de la science politique, 1895, tome III, p. 401 et suiv.

sition que l'activité de l'administration évolue entre deux points extrêmes : la puissance publique et la patrimonialité. Cette expression encore inusitée dans le langage courant du droit administratif, a cependant cet avantage appréciable de laisser planer intacte la notion de personnalité morale même au-dessus de la puissance publique, sans pour cela en sens inverse assimiler absolument les modes d'activité qu'elle désigne elle-même aux manifestations d'une personnalité privée. D'un autre côté, au lieu que les doctrines proposées jusqu'ici reposent sur une division pour ainsi dire à cloisons étanches, qui ne laisse subsister aucun lien entre les deux catégories d'actes qu'elle implique, la théorie que je vais présenter est bien plutôt fondée sur une idée unique à décroissance graduelle. C'est l'idée de puissance publique qui décline graduellement jusqu'à celle de patrimonialité, lorsqu'elle cesse d'être principale pour devenir seulement accessoire. Tout cela se confond dans une seule conception, celle de hiérarchie : hiérarchie des actes de l'administration et hiérarchie des personnes administratives.

La hiérarchie des actes de l'administration se laisse constater très facilement. Il suffit d'examiner l'espèce de gradation descendante de la puissance publique dans l'acte de gouvernement, dans l'acte d'administration pure et discrétionnaire, dans le règlement, dans l'acte administratif proprement dit, enfin dans l'acte de patrimonialité. Ce dernier émanant non d'une personnalité morale privée, mais d'une personnalité morale publique, ne peut pas par cela même être complètement soumis au droit privé et relève encore par certains côtés du droit public ; ainsi s'expliquent les privilèges et les règles de faveur qui constituent autant de différences entre l'acte de patrimonialité des personnes administratives et l'acte de patrimonialité de l'individu. C'est que, même lorsqu'il gère son domaine privé, l'Etat par exemple agit encore en vue de l'intérêt général ; les ressources qu'il tire de ce domaine sont en définitive destinées, comme toutes celles qu'il trouve par d'autres moyens, à subvenir aux dépenses occasionnées par les services publics ; on peut bien dire que l'Etat présente deux caractères, celui de puissance publique et celui de patrimonialité, mais il ne faut pas perdre de vue que ces deux caractères coexistent dans la même personne, et que dès lors il est inévitable que le premier fasse encore sentir son influence sur le second. Néanmoins si la puissance publique intervient encore en cette matière, ce n'est qu'à titre accessoire ; elle ne se traduit plus par des actes de commandement, elle fait place aux modes ordinaires de la gestion des particuliers, et notamment au contrat. Dès lors il importe peu que ce contrat soit passé en vue de l'éxécution des services publics ou en vue de la gestion du domaine privé ; dans un cas comme dans l'autre c'est un acte de patrimonialité, et il y a éxagération à prétendre le régir par les mêmes règles que les actes d'auto-. rité (1). L'erreur est aussi réelle que celle qui consiste en sens inverse à considérer les actes de gestion du domaine privé comme des manifestations d'une personnalité privée, et à les soumettre à toutes les règles du droit civil. Quoi qu'il en soit, à l'extrémité opposée de l'acte de patrimonialité qui rapproche l'Etat des règles constitutives du droit des particuliers, se place l'acte de gouvernement qui l'en éloigne au contraire absolument en le laissant maître d'exercer presque sans contrôle la plénitude de sa souveraineté. S'il y a des échelons intermédiaires par lesquels descend graduellement la puissance publique, cela tient à une décroissance correspondante du carac-

(1) C'est un point que j'ai développé dans mes *Principes dominants du contentieux administratif*, p. 01 et suiv.

tère de généralité de l'acte, et par suite à une diminution progressive de la nécessité et de l'importance qu'il présente pour la collectivité. Cette même idée va se révéler plus pleinement à l'occasion de l'examen du principe de la hiérarchie des personnes administratives.

La mission des diverses personnes administratives consiste à satisfaire aux nombreux intérêts collectifs de la société ; de là les services publics. Mais ces intérêts collectifs et par suite ces services publics n'ont pas tous un caractère identique ; car il y a des degrés dans l'étendue de la collectivité du service (1).

Il y a d'abord des services publics communs, qui méritent cette dénomination parce qu'ils profitent à tous ; ainsi le service de la police et le service de la voirie. Ces services communs sont à la charge des unités administratives ; l'unité administrative est une personne administrative jouissant d'une administration distincte et dotée de pouvoirs propres ; ainsi il y a une administration nationale, une administration départementale et une administration communale ; l'Etat, le département et la commune sont donc les trois unités administratives. Au reste ces trois unités administratives ne sont pas sur un pied d'égalité, mais au contraire entre elles dans un lien hiérarchique.

C'est que les services communs dont elles sont chargées sont eux-mêmes de deux sortes : les uns sont généraux, ce sont les services nationaux ; les autres sont locaux, ce sont les services départementaux et les services communaux. Aussi l'Etat est-il placé au-dessus des unités administratives inférieures, et il exerce sur elles sa suprématie ; c'est ce qui se manifeste par exemple dans la part de centralisation contenue dans ce que l'on

____

(1) Je ne fais aucune difficulté pour reconnaître que j'ai trouvé l'exposition de cette idée, et par conséquent comme l'ossature du principe de la hiérarchie des personnes administratives, dans le *Précis* de M. Hauriou, 3ᵉ édit., p. 526 et 527.

est convenu d'appeler la tutelle administrative (1). Mais le caractère commun à l'État, au département et à la commune, c'est que ce ne sont pas seulement des collectivités investies de la personnalité morale en vue de la gestion de leur patrimoine, mais encore des unités administratives, c'est-à-dire des personnes morales munies d'organes d'administration propres à chacune d'elles, et qui jouissent des prérogatives de la puissance publique.

Puis au-dessous des unités administratives se trouvent les établissements publics, et ceux d'utilité publique. Tandis que les unités administratives ont pour mission d'assurer le fonctionnement des services collectifs communs, les établissements publics et ceux d'utilité publique ont pour rôle de pourvoir aux intérêts collectifs spéciaux, spéciaux en ce sens qu'ils ne concernent que certaines catégories déterminées d'individus, par exemple le service de l'assistance publique qui ne profite qu'aux indigents. Ces personnes morales ne sont pas, elles non plus, entre elles sur le pied d'égalité ; les établissements publics sont au-dessous des établissements d'utilité publique. Les établissements publics, par exemple les établissements d'instruction publique tels que les Facultés et les Universités, sont rattachés dans leur organisation et dans leur fonctionnement aux unités administratives, de telle sorte qu'il y a des établissements publics ou nationaux, ou départementaux, ou communaux. C'est parce que, malgré leur spécialité, les services dont sont chargés les établissements publics s'adressent encore à des catégories nombreuses d'individus, qu'ils sont institués à

(1) De même le département prime la commune, ce qui a pour effet de donner au département au moins une portion de la tutelle administrative sur les communes. — Dans une autre matière, celle de la responsabilité des personnes administratives à raison des fautes de leurs agents, la jurisprudence administrative paraît s'être inspirée instinctivement du principe de la hiérarchie des personnes administratives.

titre de services publics proprement dits, et c'est aussi pour ce motif que ces établissements sont, dans leur organisation et dans leur fonctionnement, rattachés à l'administration publique. Enfin au dernier degré de l'échelle sont les établissements d'utilité publique : à la différence des précédents, ils ne sont nullement rattachés aux unités administratives et dépendent presque exclusivement de l'initiative privée, à tel point qu'on les regarde parfois comme des personnes morales privées. Quoi qu'il en soit, les intérêts collectifs, qui constituent leur seule raison d'être, inclinent de plus en plus vers la spécialité, car moins nombreux sont les individus qu'ils concernent que ceux qui profitent des services confiés à la garde des établissements publics ; ainsi telle société de savants, reconnue d'utilité publique, présente un caractère plus accentué de spécialité qu'un hôpital ou un bureau de bienfaisance, établissements publics ; de même une Faculté ou une Université, établissements publics, répondent à un besoin plus général que telle institution libre d'enseignement supérieur, simple établissement d'utilité publique, et destinée seulement à satisfaire les citoyens qui, pour des motifs purement personnels, rejettent le bénéfice des services d'instruction publique reliés à l'administration générale.

Cependant les deux espèces d'établissements participent de caractères communs : les uns et les autres bénéficient de règles de faveur qui ont précisément pour effet de les distinguer des personnes morales privées et d'en faire des personnes morales publiques, sauf qu'ils ont les uns comme les autres à payer cette qualité par la soumission à des règles de rigueur qui se traduisent dans une énergique tutelle administrative pesant sur leur constitution même et sur leurs divers modes d'activité juridique. Ainsi la puissance publique exerce ici encore son influence pour faire admettre au profit des deux sortes d'établissements des

règles plus favorables que celles qui régissent les personnes
morales privées ; mais ces prérogatives ne visent plus que la
gestion patrimoniale, et ne sont plus nullement fondées, en principe du moins, sur la contrainte résultant du commandement
et de l'autorité ; c'est par là que les établissements publics aussi
bien que ceux d'utilité publique se séparent des unités administratives. Pourquoi cette différence ? précisément à cause
de la différence d'importance et de nature qui existe entre
les services collectifs communs et les services collectifs spéciaux : les premiers sont indispensables à la vie d'une société,
il est nécessaire par conséquent que les unités administratives qui en sont chargées soient investies du droit d'imposer
leur volonté aux particuliers, ce n'est qu'à ce prix qu'elles
seront à même de remplir toute leur mission ; les seconds,
bien qu'ils soient encore très importants parfois, ne sont pas
essentiels et vitaux, il suffit donc pour que les personnes
morales qui en ont le soin soient à même de remplir conve-
nablement leur rôle, qu'elles puissent exercer les droits qui
dérivent de leur simple personnalité morale publique avec
toute l'extension qu'elle comporte sur la personnalité morale
privée (1).

Ainsi la satisfaction des intérêts collectifs, telle est la raison
d'être de la personnalité administrative ; à la diminution pro-

(1) Malgré des tendances contraires, qui en ces dernières années se
sont dessinées tant dans la jurisprudence que dans la doctrine, je me
maintiens dans la doctrine traditionnelle qui fait de la capacité d'acqué-
rir à titre gratuit la différence irréductible entre la personnalité morale
publique et la personnalité morale privée. Indépendamment d'autres rai-
sons multiples d'ordre législatif, et en se plaçant seulement au point de
vue du droit positif français, l'on cesse d'apercevoir, si l'on nie cette
différence, l'intérêt d'un groupement quelconque à rechercher la recon-
naissance d'utilité publique, puisque celle-ci n'aurait plus pour effet
propre que la soumission aux règles de rigueur. Celles-ci ne peuvent donc
s'expliquer que si elles ont une contre-partie dans des règles de faveur.

gressive du caractère de généralité et par suite de nécessité et d'importance de l'intérêt collectif à satisfaire correspond un déclin graduel de la puissance publique qui entraîne le principe de la hiérarchie des personnes administratives tout comme celui de la hiérarchie des actes de l'administration.

2. Les développements qui précèdent montrent que le droit administratif est partagé entre les deux notions de puissance publique et de patrimonialité, encore que celle-ci ne se rencontre pas à l'état pur et subisse les contre-coups plus ou moins puissants de celle-là. La conséquence considérable qui résulte de ce partage est qu'il fournit au droit administratif ses principes directeurs.

Par le caractère de puissance publique, le droit administratif est uni par des liens très étroits au droit constitutionnel. Pour s'en convaincre, il suffit d'étudier les questions d'organisation administrative : ainsi la question de la décentralisation fait intervenir pour peu qu'on l'examine au point de vue rationnel et législatif, une foule de considérations d'ordre politique et d'ordre social ; de même le système électoral apparaît comme une question d'organisation commune à la fois aux rouages politiques et aux rouages administratifs. Que l'on envisage maintenant tel ou tel organe administratif en lui-même, l'on aboutit à la même constatation ; par exemple l'étude du Conseil d'Etat intéresse également les deux branches du droit ; s'il en est ainsi, c'est d'abord parce que le Conseil d'Etat est encore de nos jours, quoique dans une mesure moindre qu'à diverses périodes de notre histoire, investi d'attributions d'ordre législatif et gouvernemental en même temps que de fonctions administratives ; mais c'est aussi parce que, en tant qu'il est la juridiction administrative suprême, le Conseil d'Etat met en jeu tout le problème de l'organisation, des attributions et de l'existence même du pouvoir judiciaire. De même l'autorité ministérielle ne relève-t-elle pas autant du droit constitutionnel que du droit administratif ? d'une façon plus large n'en est-il pas ainsi encore à l'égard de tous les fonctionnaires administratifs inférieurs ? tous en effet sont aptes à accomplir des actes d'administration, or la théorie des actes administratifs côtoie celle des actes de gouvernement. D'ailleurs tous les actes de puissance publique doivent être subordonnés au respect des droits individuels, et la théorie des droits individuels est du domaine constitutionnel, tellement que beaucoup croient devoir ranger dans cette branche du droit et par conséquent écarter absolument du droit administratif ce que l'on appelle de la dénomination commune de *principes du droit public*. Cependant il est difficile de nier que quelques-uns au moins d'entre ces principes intéressent autant le droit administratif que le droit constitutionnel. Ainsi en est-il du principe du droit de propriété privée, mis en jeu dans l'expropriation pour cause d'utilité publique, et du principe du droit d'association qui domine toute la théorie de la personnalité morale publique. On peut donc dire que, vu sous cet aspect, le droit administratif n'est pas autre chose que la mise en œuvre des principes du droit constitutionnel.

D'un autre côté par le caractère de patrimonialité, le droit administratif se rapproche du droit civil. L'étude du domaine, soit privé, soit même public, celle des contracts et aussi celle des obligations délictuelles de l'administration suscite des rapprochements continuels entre ces deux branches du droit. Sans doute le droit administratif, envisagé à ce point de vue, ne contient pas que des applications du droit civil ; les dérogations à ce dernier sont au contraire fréquentes et plus ou moins graves ; mais c'est là précisément ce qui constitue la raison d'être du droit administratif en tant qu'il règle ces rapports de patrimonialité des personnes administratives ; autrement le droit civil suffirait à lui seul. Qu'i' n'en soit pas ainsi, que le droit civil ne s'applique pas purement et simplement au règlement de ces rapports, j'en ai déjà indiqué le motif intime ; cela tient à ce que les deux caractères coexistant dans la même personne, la patrimonialité se laisse influencer par la puissance publique ; de là la nécessité de règles spéciales et de dérogations au droit civil. Mais il n'empêche que dans cette sphère ce sont les principes ordinaires du droit civil qui reçoivent d'habitude leur application. Cette vérité est telle que, lorsqu'il s'agit non plus des unités administratives, mais des établissements publics et de ceux d'utilité publique, le droit civil voit croître son influence. Il n'est pas encore applicable purement et simplement et d'une façon absolue parce que, quoique privés des prérogatives de la puissance publique, les établissements publics étant rattachés aux unités administratives subissent les contre-coups de la puissance publique, et que les établissements d'utilité publique, à cause des intérêts collectifs qu'ils représentent, sont encore des personnes morales publiques régies par quelques unes des règles applicables aux établissements publics. Mais il reste vrai qu'à l'égard des uns et des autres le droit civil trouve une plus large étendue d'application qu'à l'égard des unités administratives, même en tant qu'il s'agit seulement du règlement de leurs rapports de patrimonialité. La remarque peut encore se poursuivre : les établissements d'utilité publique ne sont pas, comme les établissements publics, reliés, dans leur organisation et dans leur fonctionnement, aux unités administratives, et sont au contraire abandonnés sous ces rapports à l'initiative privée ; les intérêts qu'ils ont à satisfaire sont bien encore collectifs, mais ils le sont dans une mesure moindre que ceux dont sont char-

gés les établissements publics ; au fur et à mesure que l'intérêt collectif perd de sa généralité, il se rapproche d'autant de
l'intérêt particulier; en conséquence la puissance publique se
trouve plus éloignée et la patrimonialité apparaît davantage,
de sorte que le droit civil recouvre un empire de plus en plus
normal et absolu.

Toutes les personnes administratives apparaissent donc
comme étant régies par deux catégories de règles quoique dans
une mesure fort variable. Au sommet de la hiérarchie l'État est,
entre les personnes administratives, celle qui, revêtant le plus
entièrement le caractère de puissance publique, échappe le
plus complètement par cela même au droit civil ; néanmoins
il s'y trouve soumis par certains côtés. A l'inverse, au dernier
degré de l'échelle, les établissements d'utilité publique sont,
parmi toutes les personnes morales publiques ,celles qui
admettent de la manière la plus exclusive le caractère de
patrimonialité, cependant ils sont encore sur certains points
régis par des règles du droit public.

Ainsi le droit administratif puise à une double source, et tire
en réalité ses principes fondamentaux d'ailleurs que de lui
même : tantôt il les trouve dans le droit constitutionnel, et
tantôt dans le droit civil de telle sorte qu'il est comme le pont
naturel jeté entre ces deux branches du droit. Il y a plus ; à
propos de toute une catégorie de matières l'on passe d'une
rive à l'autre sans abandonner l'espèce de chaîne qui se
poursuit alors sans interruption de continuité. C'est ce qu'il
est facile de constater si l'on étudie les droits et libertés de
l'individu, les principes du droit public. Touchant par
leur base justificative au droit constitutionnel, le droit de
propriété privée par exemple ou le droit d'association passent
par la réglementation administrative de l'expropriation pour
cause d'utilité publique ou de la personnalité morale publique,

et aboutissent dans leurs effets au droit civil. Les deux notions de puissance publique et de patrimonialité se rencontrent donc sur un terrain commun grâce au trait d'union que forme le droit administratif.

La distinction entre la notion de puissance publique et celle de la patrimonialité est fondamentale et naturelle ; aussi n'est-elle pas propre au droit administratif français et se retrouve-t-elle dans le droit administratif de tous les pays. Ce qui varie seulement, c'est l'étendue des domaines respectifs de ces deux notions. Le même phénomène s'est produit dans notre histoire, et il est arrivé à certaines époques que l'une des notions l'a emporté sur l'autre d'exorbitante façon. A l'époque féodale toutes les fonctions publiques ont été patrimonialisées ; l'exercice du droit de souveraineté locale des seigneurs n'a guère été autre chose que l'exercice de leur droit de propriété territoriale. A l'inverse sous la monarchie absolue, malgré quelques vestiges anormaux de la phase précédente (1), la puissance publique en vertu d'une force de réaction qui est dans la logique des choses a attiré presque tout à elle, l'administration se résumant alors dans la police. Dans un cas comme dans l'autre il y a péril pour l'individu en même temps que pour la société : lorsque l'idée de puissance publique s'atténue et s'efface au point de laisser presque exclusivement la place à l'idée de patrimonialité, la satisfaction des intérêts communs inhérents au fait de la société entre les hommes n'est plus assurée ; en sens inverse, lorsque l'idée de puissance publique envahit tout, il devient aisé de justifier toutes les injustices, toutes les spoliations en alléguant la raison du salut commun. Actuellement il y a encore chez nous exagé-

(1) Notamment dans la patrimonialité des offices, dans la ferme des impôts, dans la confusion des deux sortes de domaine au profit du domaine de la Couronne.

ration de la puissance publique au détriment de la patrimonialité (1). De ce fait il y a deux causes principales. En premier lieu, c'est que notre législation administrative a encore
ses racines principales dans les textes du Consulat et de
l'Empire ; or à cette époque une réaction s'imposait dans le
sens d'une exaltation de la puissance publique, parce que
cette notion avait failli sombrer dans la désorganisation causée
par la tourmente révolutionnaire. En second lieu, c'est
aussi que la doctrine contemporaine ne s'est pas encore
élevée tout à fait jusqu'à la hauteurde sa tâche ; la plupart
des auteurs se sont ingéniés jusqu'ici à construire des
théories juridiques, d'ailleurs intéressantes pour expliquer ce
qui est, plutôt qu'ils ne se sont efforcés de trouver des
théories rationnelles en vue de rechercher ce qui devrait être ;
la doctrine s'est donc laissée dominer par le droit en vigueur
au lieu de tracer la voie à la législation (2), Le progrès de la
science du droit administratif doit s'aimanter vers la recherche d'un équilibre plus exact des deux points extrêmes entre
lesquels évolue cette branche du droit, de façon à lui assurer
des assisses inébranlables.

3. Capitale pour le droit administratifdéterminateur, la distinction qui vient d'être exposée présente une importance
encore réelle pour le droit administratif sanctionnateur.

La conclusion qui se dégage de mon étude sur les *Princi-*

(1). Par exemple à propos des contrats conclus par l'administration, et
à propos de la responsabilité des personnes administratives et de celle
des fonctionnaires administratifs. Cf. mes *Principes*, p. 87, 113 et 260,

(2) En ce qui concerne la distinction de la puissan‑? publique et de la
patrimonialité, un seul auteur me parait avoir aperçu nettement toute
son importance. Cf. Gauthier, *Précis des matières administratives dans
leurs rapports avec les matières civiles et judiciaires* 1879 ; et *Précis des
matières administratives dans leurs rapports avec le droit public* 1880.

pes dominants du contentieux administratif n'est nullement, quoique cela m'ait été reproché, « qu'il n'y a pas de principes » (1), elle est au contraire que la question du contentieux administratif est dominée par des principes qui, pour être méconnus par notre droit positif actuel, n'en sont pas moins rationnels, à tel point qu'ils sont suivis en d'autres pays et qu'ils pourraient et devraient l'être un jour chez nous. A la vérité la garantie des droits et des libertés de l'individu implique, je l'ai déjà dit, une forte et large organisation de la puissance publique, mais il y faut nécessairement mettre une condition imposée par le but même, par la raison d'être de cette puissance publique. C'est que la législation établisse des règles propres à entraver son exercice arbitraire ou abusif ; c'est que le droit administratif reconnaisse lui-même des institutions placées en dehors et au-dessus de l'administration et dotées de tels éléments d'indépendance qu'elles puissent empêcher le détenteur de la puissance de la détourner de sa véritable destination publique et de la faire servir à son profit exclusif. Cet idéal ne peut être atteint que grâce à une ferme et saine application du principe constitutionnel de la séparation des pouvoirs qui assure par cela même le respect du principe administratif de la séparation des fonctions. Pour donner satisfaction à ce desideratum, il suffirait de transporter chez nous en le généralisant le système pratiqué en Belgique : au lieu de deux justices séparées et parallèles, sans aucun lien supérieur commun, une seule justice comprenant des tribunaux, investis d'attributions différentes, mais organisés sur le même modèle, jouissant des mêmes garanties d'indépendance et d'impartialité, et tous soumis au contrôle suprême d'une Cour unique placée à la tête du pouvoir judiciaire, tel serait le résultat général de cette adaptation. Ainsi on aurait

(1). Hauriou, *La gestion administrative* p. 79.

au sommet l'unité indispensable et représentative du pouvoir judiciaire bien distinct du pouvoir exécutif, et dans les degrés inférieurs la variété nécessitée par la spécialité des connaissances.

Alors en effet apparaîtrait l'utilisation de la distinction entre la patrimonialité et la puissance publique, tous les litiges soulevés par la première devant ressortir aux tribunaux civils, et tous les autres aux tribunaux administratifs. D'ailleurs étant tous judiciaires, ces tribunaux des deux sortes ne pourraient pas plus les uns que les autres exercer la prérogative d'annuler ou de réformer l'acte de puissance publique ; autrement le juge se ferait administrateur et le pouvoir judiciaire empiéterait sur le pouvoir exécutif, comme cela se passait dans notre ancienne France, comme cela se produit encore aujourd'hui dans le système anglo-américain, en vertu d'une confusion inverse de celle qui existe actuellement chez nous. Mais ces tribunaux judiciaires-administratifs devraient, comme à présent le juge de simple police dans la répression des contraventions aux règlements administratifs ou encore le tribunal civil dans la procédure d'expropriation pour cause d'utilité publique, avoir la faculté de ne tenir aucun compte de l'acte de puissance publique contraire à la légalité, et de se refuser à sanctionner les prétentions de l'administration ; ainsi le droit du particulier subsisterait intact. Tel est encore l'effet du système belge.

Quant à l'annulation ou à la réformation de l'acte administratif illégal, elles continueraient à appartenir exclusivement à l'administration, non pas à l'administration active, mais, puisque le progrès existe déjà, à l'administration délibérante supérieure, sauf qu'alors elle ne statuerait plus en vertu de pouvoirs propres, mais seulement comme avant 1872, sous le contrôle et l'autorité du chef du pouvoir exécutif ; l'examen du développement historique du recours pour excès de pouvoirs montre du reste qu'à cette réforme l'individu n'aurait rien à perdre. Dès lors dans cette sphère, nullement contentieuse en réalité, toute gracieuse au contraire, et reléguée en second plan, il pourrait être utile pour l'admission même et le triomphe du recours en réformation que celui-ci fût assimilé au recours en annulation par tous moyens, par toutes théories analogues à celle de la gestion administrative : car si par suite de leur extrême flexibilité, ces théories permettent à l'administration de rejeter arbitrairement le recours, elles lui fournissent aussi par contre des motifs plausibles des concessions et des abandons qu'elle veut bien consentir.

Sans doute à une réforme aussi profonde le droit administratif français perdrait quelque chose de son originalité et de sa physionomie bureaucratique ; reste à savoir seulement si l'individu n'y gagnerait pas d'autant.